Impressum
Verlag: BABADADA GmbH, Nedderfeld 112 , 22529 Hamburg
Geschäftsführer / Verlagsleitung: Harald Hof
Druck: Books on Demand GmbH, In de Tarpen 42, 22848 Norderstedt

Imprint
Publisher: BABADADA GmbH, Nedderfeld 112 , 22529 Hamburg, Germany
Managing Director / Publishing direction: Harald Hof
Print: Books on Demand GmbH, In de Tarpen 42, 22848 Norderstedt, Germany

škola

Szkoła

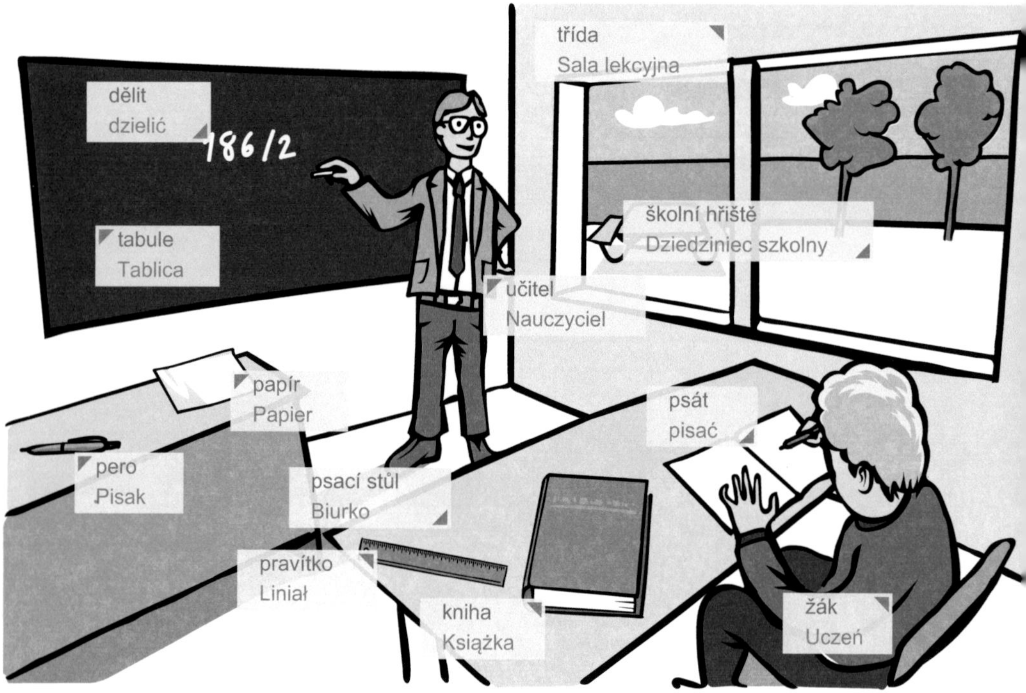
třída
Sala lekcyjna
dělit
dzielić
186/2
tabule
Tablica
školní hřiště
Dziedziniec szkolny
učitel
Nauczyciel
papír
Papier
psát
pisać
pero
Pisak
psací stůl
Biurko
pravítko
Liniał
kniha
Książka
žák
Uczeń

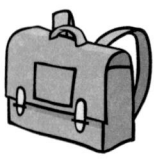

aktovka

Plecak szkolny

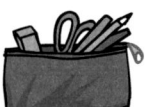

penál

Piórnik

tužka

Ołówek

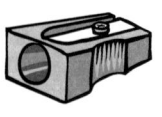

ořezávátko

Temperówka

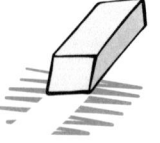

guma

Gumka do mazania

blok na kreslení

Blok rysunkowy

výkres

Rysunek

štětec

Pędzel

malířské potřeby

Pudełko z akwarelami

nůžky

Nożyce

lepidlo

Klej

cvičebnice

Książka do ćwiczenia

domácí úkol

Zadanie domowe

počet

Liczba

2+2

sčítat

dodawać

5-2

odčítat

odejmować

násobit

mnożyć

počítat

liczyć

A

písmeno

Litera

abeceda

Alfabet

slovo

Słowo

text

Tekst

číst

czytać

křída

Kreda

hodina

Godzina

třídní kniha

Dziennik lekcyjny

zkouška

Egzamin

vysvědčení

Świadectwo

školní uniforma

Mundurek szkolny

vzdělání

Wykształcenie

encyklopedie

Leksykon

univerzita

Uniwersytet

mikroskop

Mikroskop

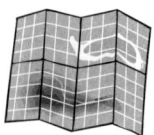

karta

Mapa

odpadkový koš na papír

Kosz na odpadki

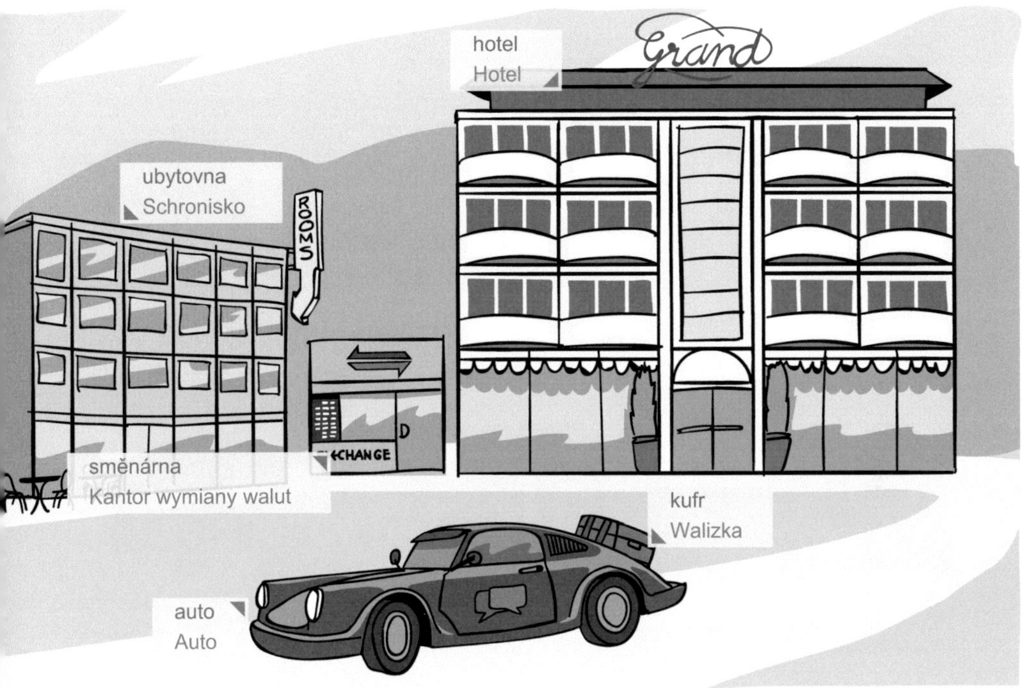

hotel
Hotel
Grand
ubytovna
Schronisko
ROOMS
směnárna
Kantor wymiany walut
EXCHANGE
kufr
Walizka
auto
Auto

jazyk

Język

ano / ne

tak / nie

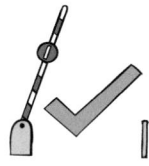

oukej

OK

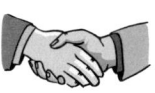

Ahoj!

Halo

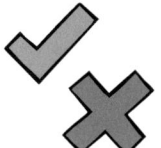

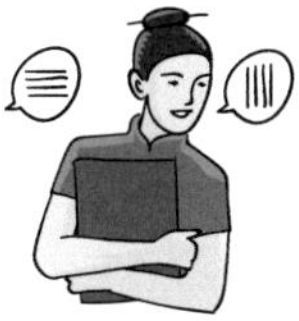

překladatel

Tłumacz

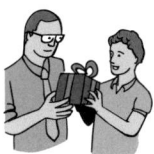

děkuji

Dziękuję

Kolik stojí...?

Ile kosztuje ...?

nerozumím

Nie rozumiem

problém

Problem

Dobrý večer!

Dobry wieczór!

Dobré ráno!

Dzień dobry!

Dobrou noc!

Dobranoc!

na shledanou

Do widzenia

směr

Kierunek

zavazadlo

Bagaż

taška

Torba

batoh

Plecak

host

Gość

pokoj

Pokój

spací pytel

Śpiwór

stan

Namiot

turistické informace

Informacja turystyczna

pláž

Plaża

kreditní karta

Karta kredytowa

snídaně

Śniadanie

oběd

Obiad

večeře

Kolacja

jízdenka

Bilet

výtah

Winda

poštovní známka

Znaczek na list

hranice

Granica

clo

Cło

poselství

Ambasada

vízum

Wiza

pas

Paszport

transport
Transport

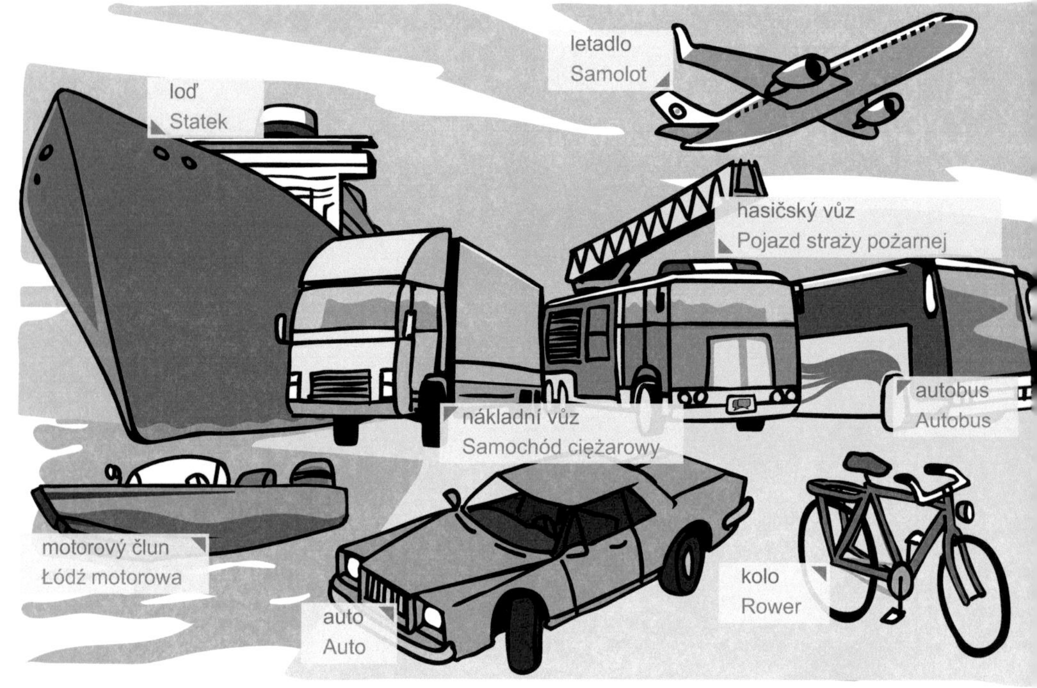

letadlo
Samolot
loď
Statek
hasičský vůz
Pojazd straży pożarnej
autobus
Autobus
nákladní vůz
Samochód ciężarowy
motorový člun
Łódź motorowa
kolo
Rower
auto
Auto

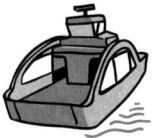

přívoz

Prom

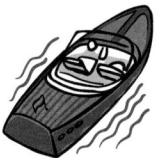

člun

Łódź

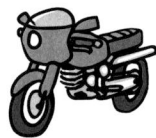

motorka

Motocykl

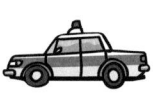

policejní auto

Radiowóz policyjny

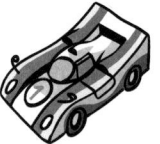

závodní auto

Samochód wyścigowy

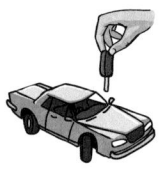

pronajaté auto

Samochód wypożyczony

sdílení aut

Wspólne przejazdy samochodem

odtahová služba

Samochód pomocy drogowej

popelářský vůz

Śmieciarka

motor

Silnik

palivo

Benzyna

čerpací stanice

Stacja benzynowa

dopravní značka

Znak drogowy

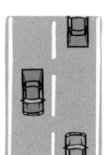

doprava

Ruch

dopravní zácpa

Korek

parkoviště

Parking

vlakové nádraží

Dworzec

koleje

Szyny

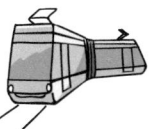

vlak

Pociąg

tramvaj

Tramwaj

vagón

Wagon

helikoptéra

Helikopter

letiště

Lotnisko

věž

Wieża

pasažér

Pasażer

kontejner

Kontener

kartón

Karton

trakař

Taczka

koš

Kosz

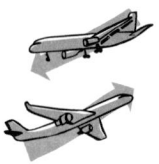

vzlétnout / přistát

startować / lądować

město
Miasto

vesnice

Wieś

střed města

Centrum miasta

dům

Dom

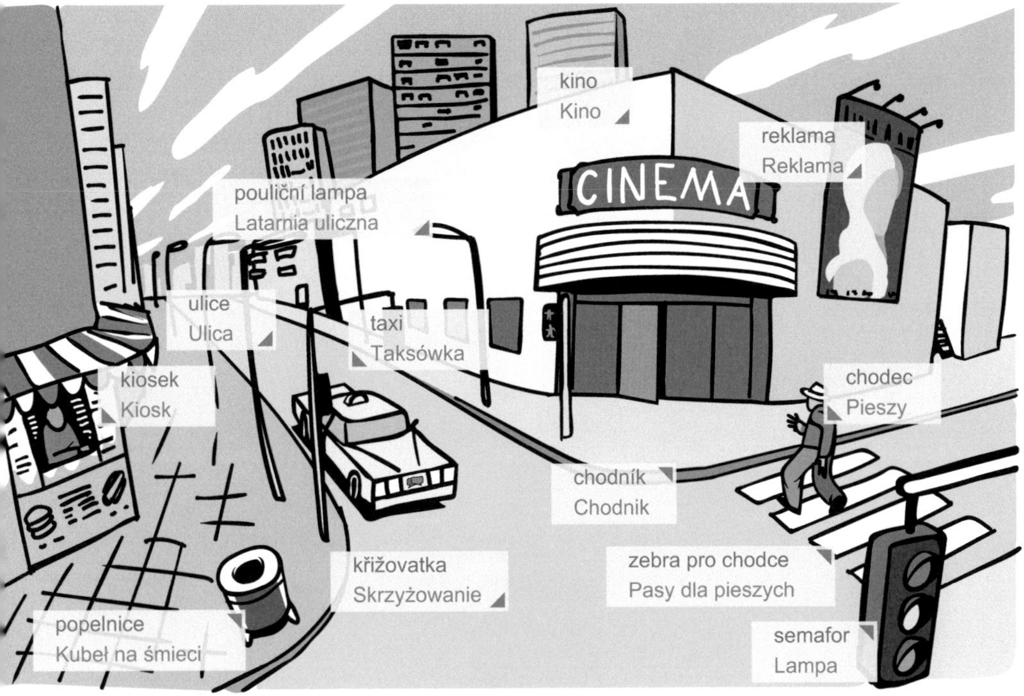

kino
Kino

reklama
Reklama

pouliční lampa
Latarnia uliczna

ulice
Ulica

taxi
Taksówka

CINEMA

chodec
Pieszy

kiosek
Kiosk

chodník
Chodnik

křižovatka
Skrzyżowanie

zebra pro chodce
Pasy dla pieszych

popelnice
Kubeł na śmieci

semafor
Lampa

chata

Chata

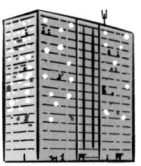

byt

Mieszkanie

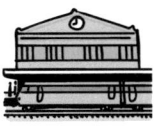

vlakové nádraží

Dworzec

radnice

Ratusz

muzeum

Muzeum

škola

Szkoła

univerzita

Uniwersytet

banka

Bank

nemocnice

Szpital

hotel

Hotel

lékárna

Apteka

kancelář

Biuro

knihkupectví

Księgarnia

obchod

Sklep

květinářství

Kwiaciarnia

supermarket

Supermarket

tržnice

Rynek

obchodní dům

Dom towarowy

rybárna

Sklep z rybami

nákupní centrum

Centrum handlowe

přístav

Port

park

Park

lavička

Ławka

most

Most

schody

Schody

metro

Metro

tunel

Tunel

autobusová zastávka

Przystanek autobusowy

bar

Bar

restaurace

Restauracja

poštovní schránka

Skrzynka na listy

pouliční tabule

Tabliczka z nazwą ulicy

parkovací hodiny

Parkometr

zoo

Zoo

plovárna

Łaźnia

mešita

Meczet

usedlost

Gospodarstwo chłopskie

znečišťování životního prostředí

Zanieczyszczenie środowiska

hřbitov

Cmentarz

církev

Kościół

hřiště

Plac zabaw

chrám

Świątynia

krajina
Krajobraz

list
Liść

rozcestník
Drogowskaz

cesta
Droga

louka
Łąka

kámen
Kamień

turista
Wędrowiec

strom
Drzewo

řeka
Rzeka

tráva
Trawa

květina
Kwiat

údolí

Dolina

hora

Góra

jezero

Jezioro

les

Las

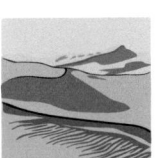

poušť

Pustynia

sopka

Wulkan

zámek

Zamek

duha

Tęcza

houba

Grzyb

palma

Palma

komár

Komar

moucha

Mucha

mravenec

Mrówka

včela

Pszczoła

pavouk

Pająk

brouk
Chrząszcz

žába
Żaba

veverka
Wiewiórka

ježek
Jeż

zajíc
Zając

sova
Sowa

pták
Ptak

labuť
Łabędź

divoké prase
Dzik

jelen
Jeleń

los
Łoś

přehrada
Tama

větrné kolo
Wiatrak

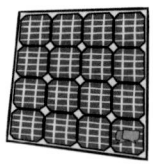

solární panel
Moduł solarny

podnebí
Klimat

restaurace
Restauracja

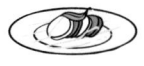

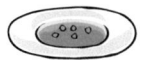

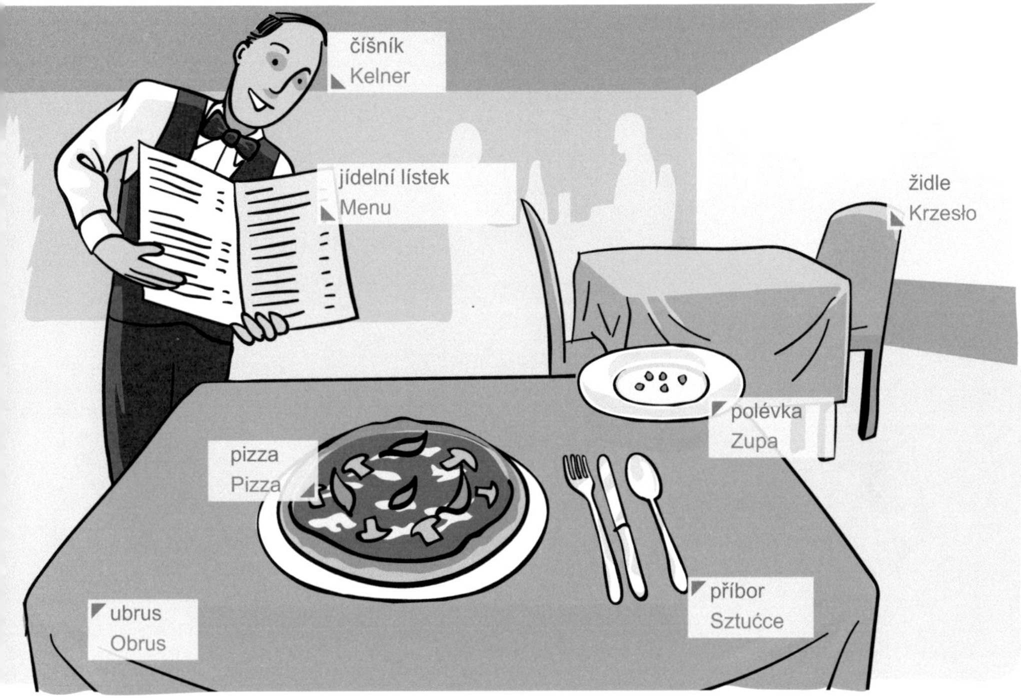
číšník
Kelner
jídelní lístek
Menu
židle
Krzesło
polévka
Zupa
pizza
Pizza
příbor
Sztućce
ubrus
Obrus

předkrm

Przystawka

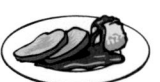

hlavní chod

Danie główne

dezert

Deser

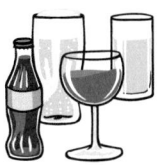

nápoje

Napoje

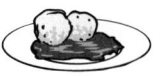

jídlo

Jedzenie

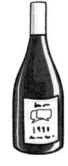

láhev

Butelka

rychlé občerstvení

Fastfood

pouliční občerstvení

Streetfood

čajová konvice

Dzbanek na herbatę

cukřenka

Cukierniczka

porce

Porcja

kávovar na espresso

Zaparzarka do espresso

dětská stolička

Krzesło dla dziecka

faktura

Rachunek

tác

Taca

nůž

Noż

vidlička

Widelec

lžíce

Łyżka

čajová lyžička

Łyżeczka

ubrousek

Serwetka

sklenička

Szklanka

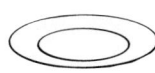

talíř

Talerz

talíř na polévku

Talerz do zupy

podšálek

Podstawek pod filiżankę

omáčka

Sos

slánka

Solniczka

mlýnek na pepř

Młynek do pieprzu

ocet

Ocet

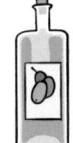

olej

Olej

koření

Przyprawy

kečup

Keczup

hořčice

Musztarda

majonéza

Majonez

supermarket
Supermarket

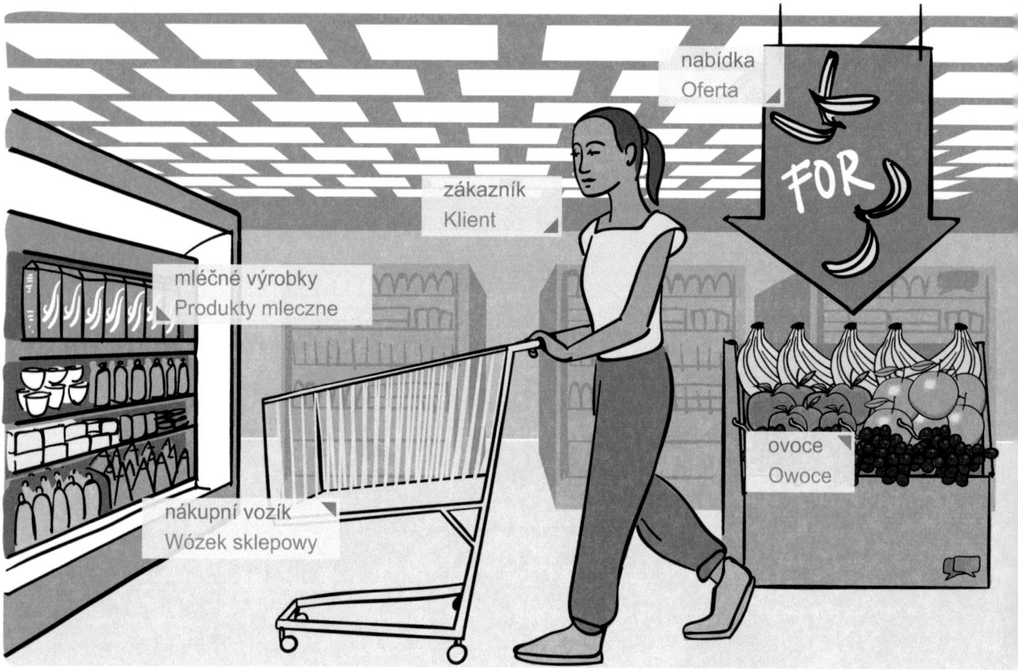
nabídka
Oferta
FOR
zákazník
Klient
mléčné výrobky
Produkty mleczne
ovoce
Owoce
nákupní vozík
Wózek sklepowy

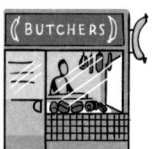

BUTCHERS

masna

Rzeźnia

BAKERY

pekařství

Piekarnia

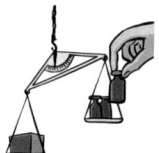

vážit

ważyć

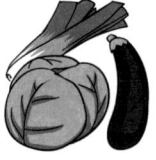

zelenina

Warzywa

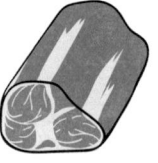

maso

Mięso

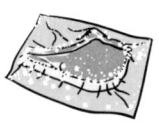

mražené potraviny

Mrożonki

obložený talíř

Wędliny

konzervy

Konserwy

prací prášek

Proszek m do prania

cukrovinky

Słodycze

výrobky pro domácnost

Artykuły użytku domowego

čisticí prostředek

Środek czyszczący

prodavačka

Sprzedawczyni

pokladna

Kasa

pokladní

Kasjer

nákupní seznam

Lista zakupów

otevírací doba

Godziny otwarcia

peněženka

Portfel

kreditní karta

Karta kredytowa

taška

Torba

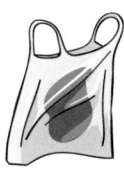

igelitová taška

Torebka plastikowa

voda

Woda

džus

Sok

mléko

Mleko

kola

Cola

víno

Wino

pivo

Piwo

alkohol

Alkohol

kakao

Kakao

čaj

Herbata

káva

Kawa

espresso

Espresso

kapučíno

Cappuccino

banán

Banan

jablko

Jabłko

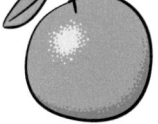

pomeranč

Pomarańcza

meloun

Arbuz

citrón

Cytryna

mrkev

Marchew

česnek

Czosnek

bambus

Bambus

cibule

Cebula

houba

Grzyb

ořechy

Orzechy

těstoviny

Makaron

špageti

Spaghetti

rýže

Ryż

salát

Sałatka

hranolky

Frytki

americké brambory

Ziemniaki pieczone

pizza

Pizza

hamburger

Hamburger

sendvič

Kanapka

řízek

Sznycel

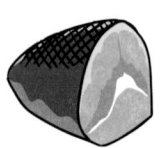

šunka

Szynka

salám

Salami

salám

Kiełbasa

kuře

Kura

pečeně

Pieczeń

ryby

Ryba

ovesné vločky

Płatki owsiane

müsli

Musli

vločky

Płatki kukurydziane

mouka

Mąka

croissant

Croissant

houska

Bułka

chléb

Chleb

toast

Toast

sušenky

Ciastka

máslo

Masło

tvaroh

Twarożek

buchta

Ciasto

vejce

Jajko

volské oko

Jajko sadzone

sýr

Ser

zmrzlina

Lody

cukr

Cukier

med

Miód

marmeláda

Marmolada

nugátový krém

Krem nugatowy

kari

Curry

usedlost
Gospodarstwo chłopskie

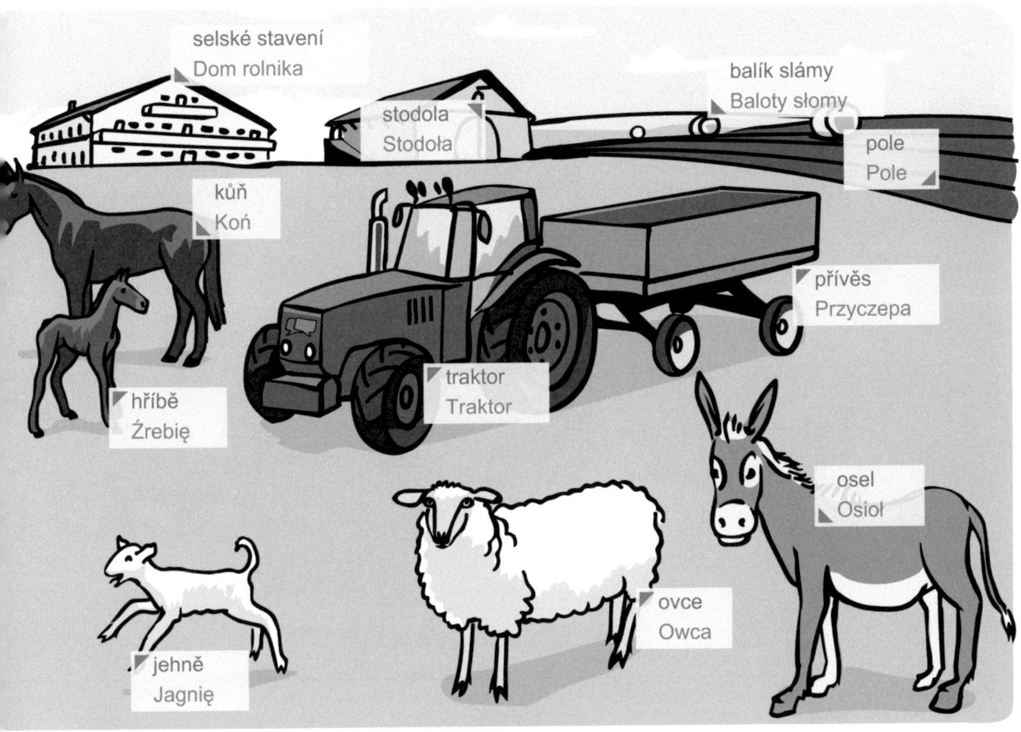
selské stavení
Dom rolnika
stodola
Stodoła
balík slámy
Baloty słomy
pole
Pole
kůň
Koń
přívěs
Przyczepa
hříbě
Źrebię
traktor
Traktor
osel
Osioł
ovce
Owca
jehně
Jagnię

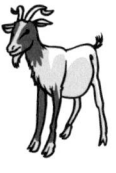

koza
Koza

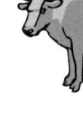

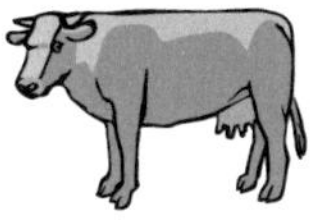

kráva
Krowa

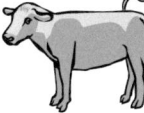

tele
Cielę

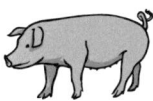

prase
Świnia

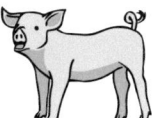

sele
Prosię

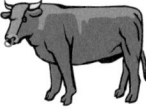

býk
Byk

husa

Gęś

kachna

Kaczka

kuře

Kurczątko

slepice

Kura

kohout

Kogut

krysa

Szczur

kočka

Kot

myš

Mysz

vůl

Osioł

pes

Pies

psí bouda

Buda dla psa

zahradní hadice

Wąż ogrodowy

kropicí konev

Konewka

kosa

Kosa

pluh

Pług

srp

Sierp

motyka

Graca

vidle

Widły

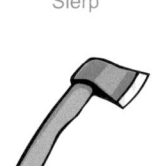

sekera

Siekiera

kolecko

Taczka

koryto

Koryto

konev na mléko

Kanka na mleko

pytel

Worek

plot

Płot

stáj

Stajnia

skleník

Szklarnia

půda

Ziemia

osivo

Nasiona

hnojivo

Nawóz

kombajn

Kombajn zbożowy

sklidit

zbierać

sklizeň

Żniwa

smldinec

Podchrzyn

pšenice

Pszenica

sója

Soja

brambora

Ziemniak

kukuřice

Kukurydza

řepka

Rzepak

ovocný strom

Drzewo owocowe

maniok

Maniok

obilí

Zboże

komín
Komin

střecha
Dach

okap
Rynna deszczowa

okno
Okno

garáž
Garaž

zvonek
Dzwonek

dveře
Drzwi

popelnice
Wiaderko na śmieci

dopisní schránka
Skrzynka na listy

zahrada
Ogród

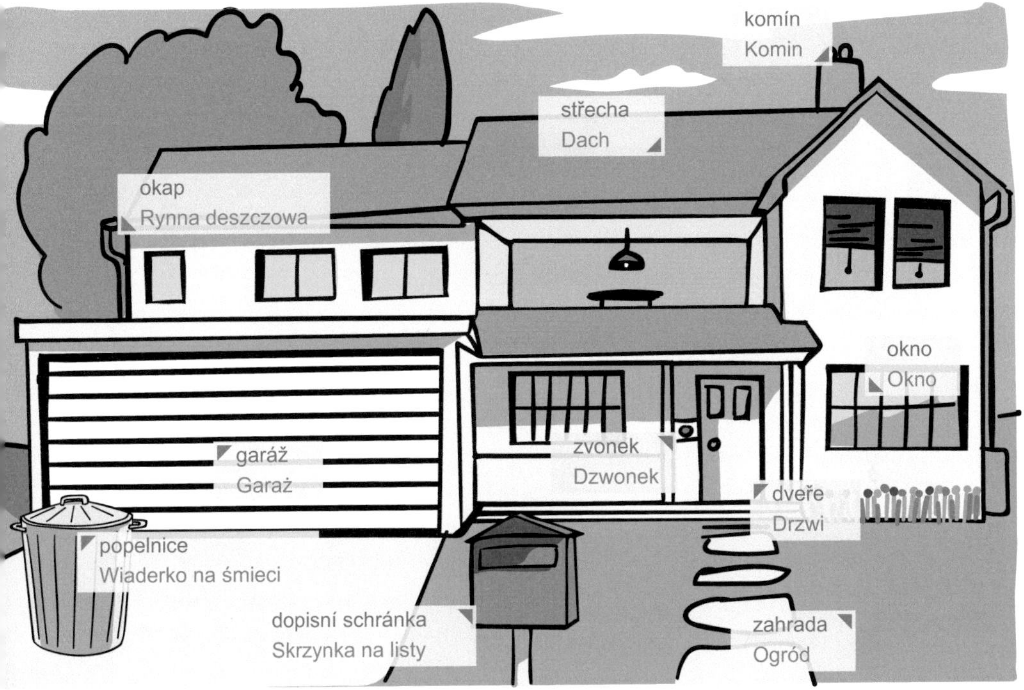

obývací pokoj

Pokój dzienny

koupelna

Łazienka

kuchyně

Kuchnia

ložnice

Sypialnia

dětský pokoj

Pokój dziecięcy

jídelna

Jadalnia

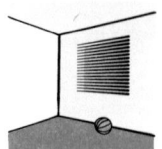

podlaha

Ziemia

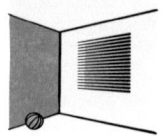

zeď

Ściana

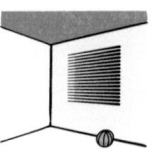

deka

Koc

sklep

Piwnica

sauna

Sauna

balkón

Balkon

terasa

Taras

bazén

Basen

sekačka na trávu

Kosiarka do trawy

ložní prádlo

Poszwa

lůžková přikrývka

Kołdra

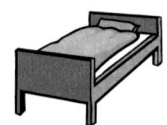

postel

Łóżko

smeták

Miotła

kýbl

Wiadro

vypínač

Włącznik

obývací pokoj
Pokój dzienny

tapeta
Tapeta
obrázek
Obraz
žárovka
Lampa
police
Regał
skříň
Szafa
televizor
Telewizor
komín
Komin
květina
Kwiat
polštář
Poduszka
gauč
Kanapa
váza
Wazon
dálkový ovladač
Pilot

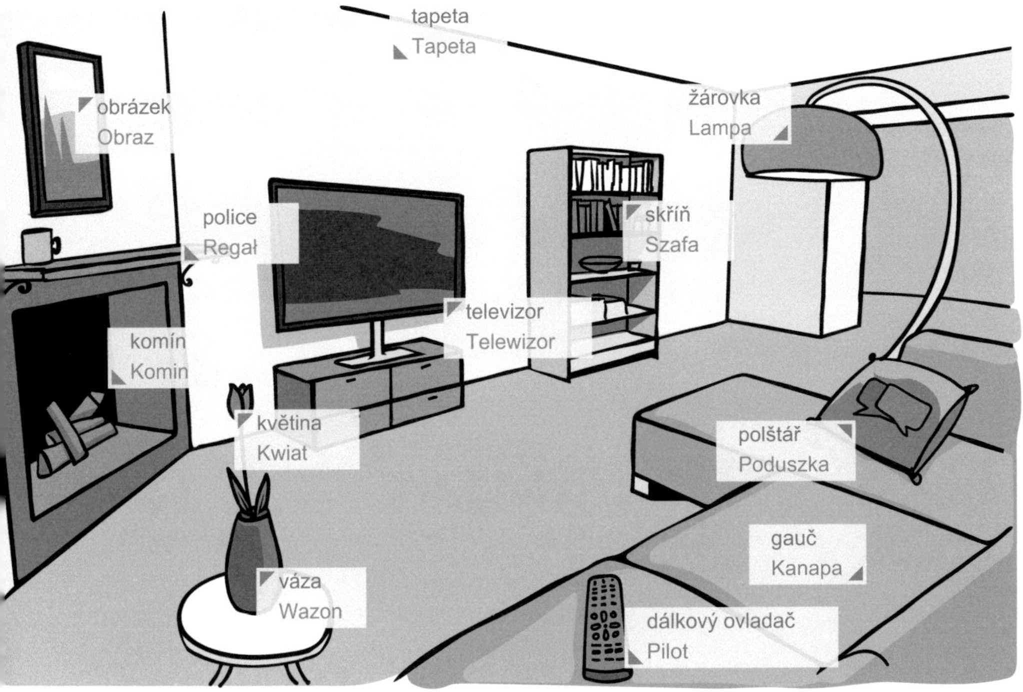

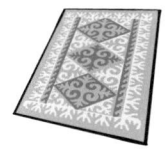

koberec

Dywan

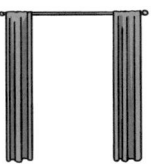

závěs

Zasłona

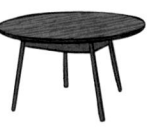

stůl

Stół

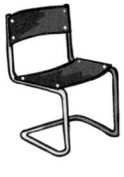

židle

Krzesło

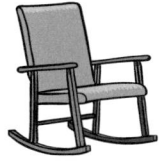

houpací křeslo

Bujak

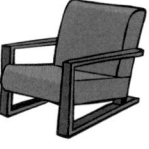

křeslo

Fotel

kniha

Książka

strop

Sufit

ozdoba

Dekoracja

palivové dříví

Drewno kominkowe

film

Film

stereo souprava

Instalacja stereo

klíč

Klucz

noviny

Gazeta

malba

Malunek

plakát

Plakat

rádio

Radio

poznámkový blok

Notatnik

vysavač

Odkurzacz

kaktus

Kaktus

svíce

Świeczka

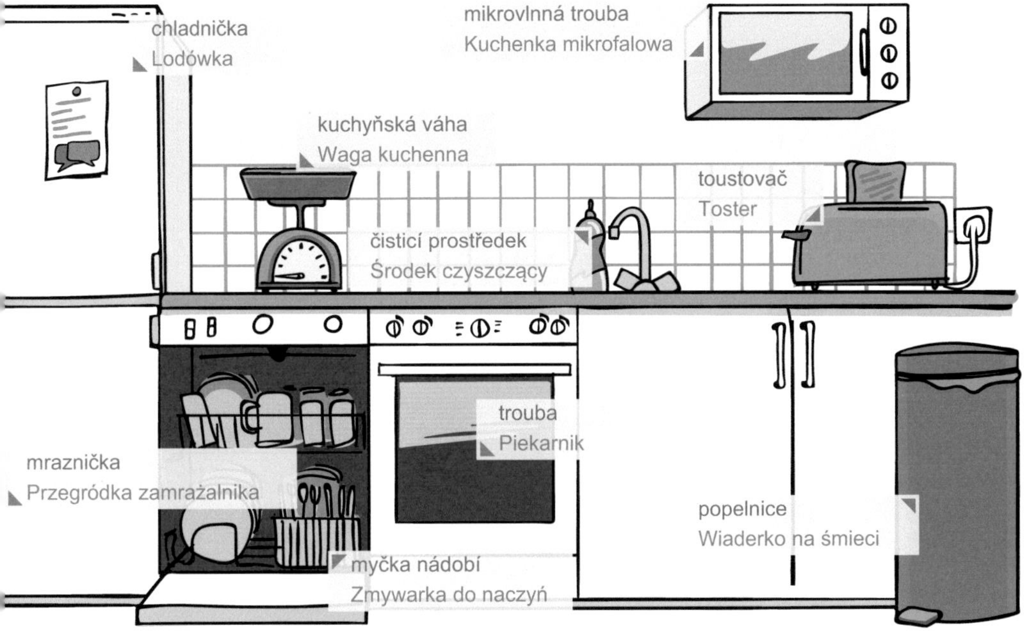

chladnička
Lodówka

mikrovlnná trouba
Kuchenka mikrofalowa

kuchyňská váha
Waga kuchenna

toustovač
Toster

čisticí prostředek
Środek czyszczący

trouba
Piekarnik

mraznička
Przegródka zamrażalnika

popelnice
Wiaderko na śmieci

myčka nádobí
Zmywarka do naczyń

sporák

Kuchenka

hrnec

Garnek

litinový hrnec

Kocioł żeliwny

wok / kadai

Wok / Kadai

pánev

Patelnia

varná konvice

Czajnik

parní hrnec

Parowar

plech na pečení

Blacha do pieczenia

nádobí

Naczynia kuchenne

hrnek

Kubek

miska

Miska

jídelní hůlky

Pałeczki

naběračka

Nabierka

obracečka

Łopatka do smażenia

metla

Trzepaczka do śmietany

síto

Cedzak

cedník

Sitko

struhadlo

Tarka

hmoždíř

Moździerz

gril

Grillowanie

ohniště

Palenisko

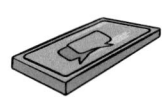

prkénko na krájení

Deska

váleček na těsto

Wałek do ciasta

vývrtka

Korkociąg

dóza

Puszka

otvírák na konzervy

Otwieracz do puszek

chňapka

Ściereczka do trzymania garnka

umyvadlo

Umywalka

kartáč na nádobí

Szczotka

houba

Gąbka

mixér

Mikser

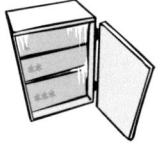

mrazák

Zamrażarka

dětská lahev

Butelka dla niemowlęcia

kohoutek

Kran

koupelna
Łazienka

topení
Ogrzewanie
sprcha
Prysznic
ručník
Ręcznik
sprchový závěs
Kotara prysznicowa
pěnová koupel
Płyn do kąpieli
vana
Wanna kąpielowa
sklenička
Szklanka
pračka
Pralka
kohoutek
Kran
obkladačky
Kafelki
nočník
Nocnik
umyvadlo
Umywalka

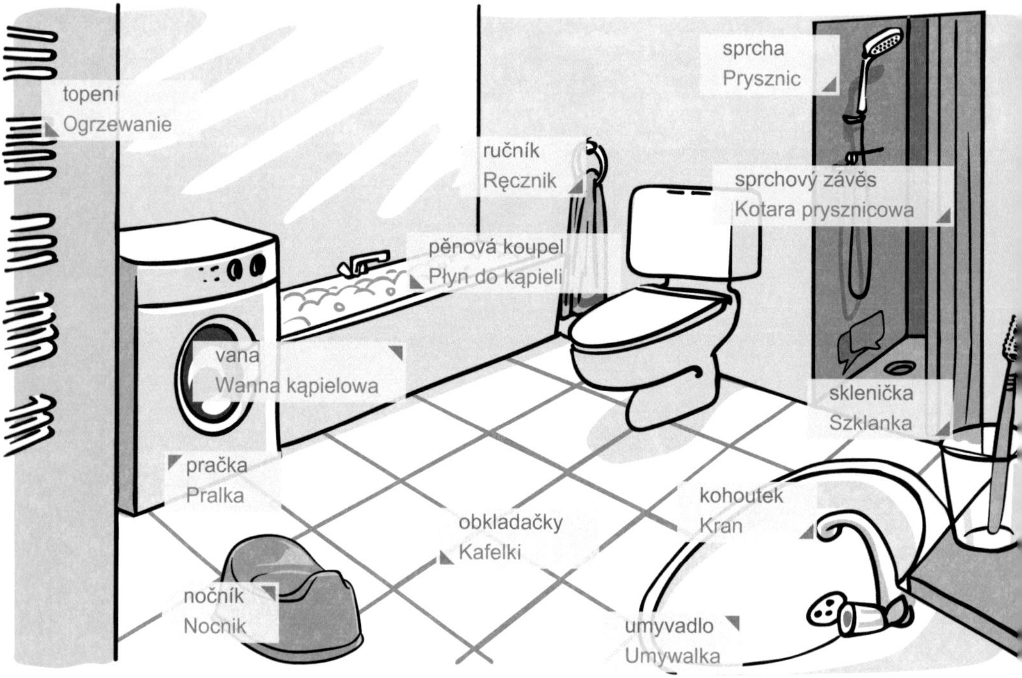

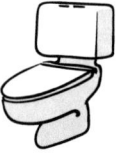

záchod

Toaleta

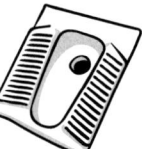

turecký záchod

Toaleta kuczna

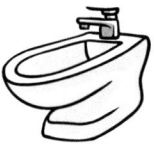

bidet

Bidet

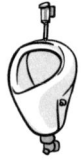

pisoár

Pisuar

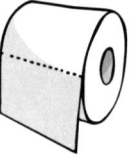

toaletní papír

Papier toaletowy

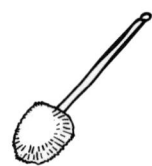

záchodová štětka

Szczotka toaletowa

zubní kartáček

Szczoteczka do zębów

zubní pasta

Pasta do zębów

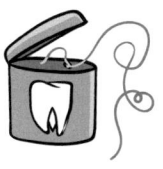

zubní niť

Nitki do czyszczenia zębów

mýt

myć

ruční sprcha

Głowica prysznicowa

intimní sprcha

Płyn kąpielowy do higieny intymnej

umyvadlo

Miska do mycia

kartáč na záda

Szczotka kąpielowa

mýdlo

Mydło

sprchový gel

Żel prysznicowy

šampón

Szampon

žínka

Rękawica kąpielowa

odpad

Odpływ

krém

Krem

deodorant

Dezodorant

zrcadlo

Lustro

kosmetické zrcátko

Lustro kosmetyczne

holicí strojek

Golarka

pěna na holení

Pianka do golenia

voda po holení

Woda po goleniu

hřeben

Grzebień

kartáč

Szczotka

fén

Suszarka do włosów

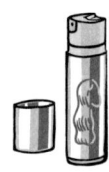

lak na vlasy

Spray do włosów

makeup

Makijaż

rtěnka

Pomadka

lak na nehty

Lakier do paznokci

vata

Wata

nůžky na nehty

Nożyczki do paznokci

parfém

Perfum

ška s toaletními potřebami

Kosmetyczka

stolička

Taboret

váha

Waga

župan

Szlafrok kąpielowy

gumové rukavice

Rękawice gumowe

tampón

Tampon

dámská vložka

Podpaska damska

chemická toaleta

Toaleta chemiczna

dětský pokoj
Pokój dziecięcy

budík
Budzik
plyšová hračka
Pluszowa przytulanka
autíčko
Samochodzik
chrastítko
Grzechotka
domeček pro panenky
Domek dla lalek
dárek
Prezent

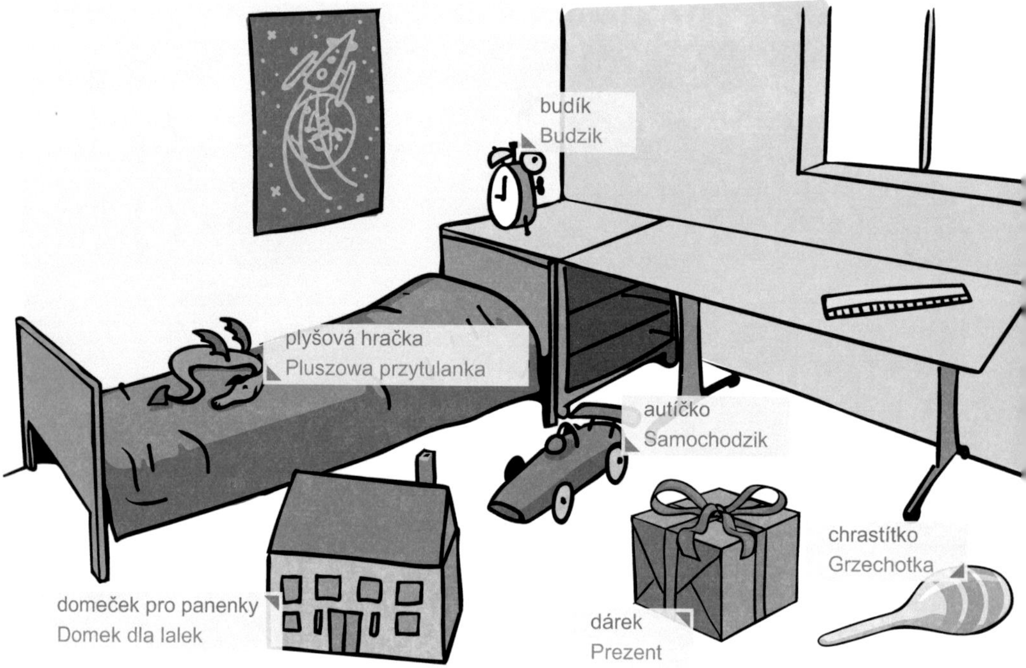

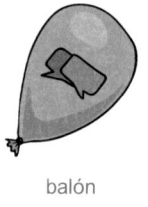

balón

Balon

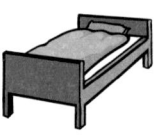

postel

Łóżko

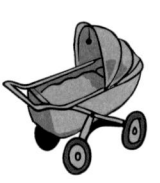

kočárek

Wózek dziecięcy

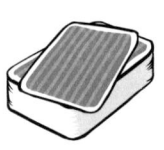

balíček karet

Gra w karty

puzzle

Puzzle

SUPER
MEGA

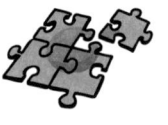

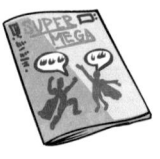

komiks

Komiks

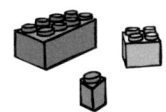

lego kostky

Klocki lego

stavebnice

Klocki

akční figurka

Action figura

dupačky

Śpioszek dziecięcy

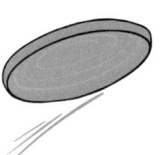

frisbee

Frisbee

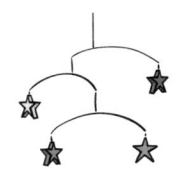

závěsné hračky nad
postýlku
Zabawki ruchome

desková hra

Gra planszowa

kostky

Kości

modelová železnice

Kolejka elektryczna

dudlík

Smoczek

oslava

Przyjęcie

obrázková kniha

Książka z ilustracjami

míč

Piłka

panenka

Lalka

hrát si

bawić się

pískoviště

Piaskownica

houpačka

Huśtawka

hračky

Zabawki

hrací konzole

Konsola do gier

tříkolka

Rowerek trójkołowy

medvídek

Pluszowy miś

šatník

Szafa ubraniowa

oblečení
Ubiór

ponožky

Skarpety

punčochy

Pończochy

punčochové kalhoty

Rajstopy

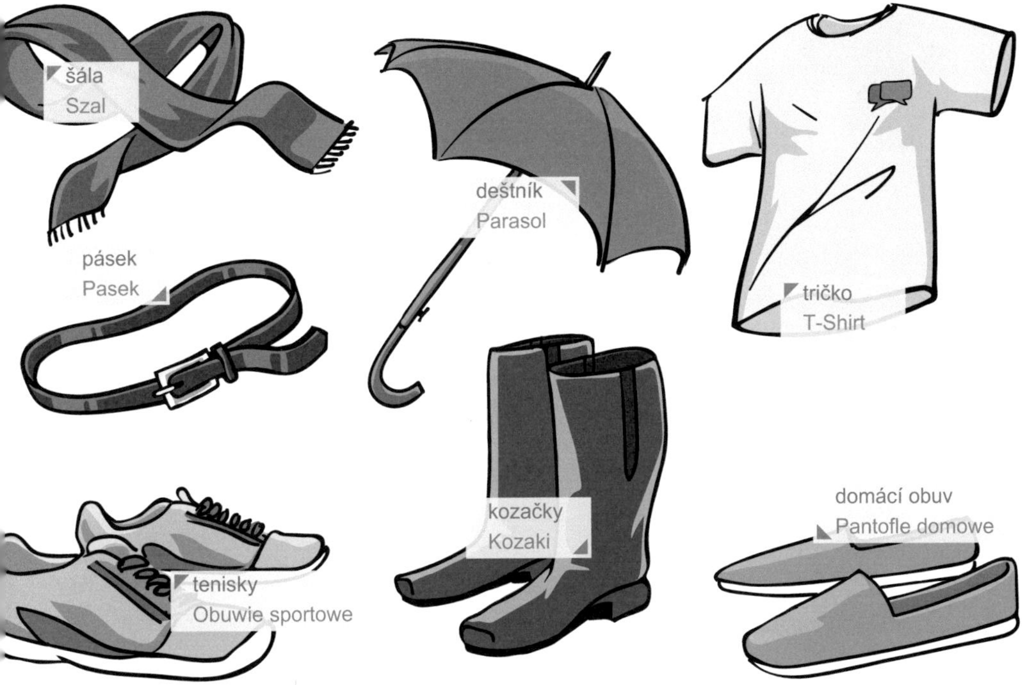

šála
Szal

pásek
Pasek

deštník
Parasol

tričko
T-Shirt

kozačky
Kozaki

domácí obuv
Pantofle domowe

tenisky
Obuwie sportowe

sandály

Sandały

obuv

Buty

holínky

Kalosze

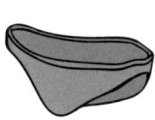

spodní prádlo

Majtki

podprsenka

Biustonosz

nátělník

Podkoszulek

body

Body

kalhoty

Spodnie

džíny

Dżins

sukně

Spódnica

blůza

Bluzka

košile

Koszula

svetr

Pulower

mikina

Bluza sportowa

blejzr

Marynarka

bunda

Kurtka

kabát

Płaszcz

pláštěnka

Płaszcz przeciwdeszczowy

kostým

Kostium

šaty

Sukienka

svatební šaty

Suknia ślubna

oblek

Garnitur męski

noční košile

Koszula nocna

pyžamo

Piżama

sárí

Sari

šátek na hlavu

Chusta na głowę

turban

Turban

burka

Burka

kaftan

Kaftan

abája

Abaya

plavky

Strój kąpielowy

pánské plavky

Kąpielówki

kraťasy

Krótkie spodnie

tepláková souprava

Dres sportowy

zástěra

Fartuch

rukavice

Rękawiczki

knoflík

Guzik

brýle

Okulary

náramek

Bransoletka

náhrdelník

Łańcuszek

prsten

Pierścionek

náušnice

Kolczyk

čepice

Czapka

ramínko

Wieszak

klobouk

Kapelusz

kravata

Krawat

zip

Zamek błyskawiczny

helma

Kask

kšandy

Szelki

školní uniforma

Mundurek szkolny

uniforma

Mundur

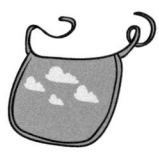

bryndák

Śliniaczek

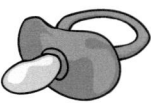

dudlík

Smoczek

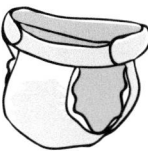

plena

Pieluszka

kancelář

Biuro

server
Serwer
kartotéka
Szafa na akta
papír
Papier
tiskárna
Drukarka
monitor
Monitor
myš
Mysz
psací stůl
Biurko
šanon
Segregator
klávesnice
Klawiatura
odpadkový koš na papír
Kosz na odpadki
počítač
Komputer
židle
Krzesło

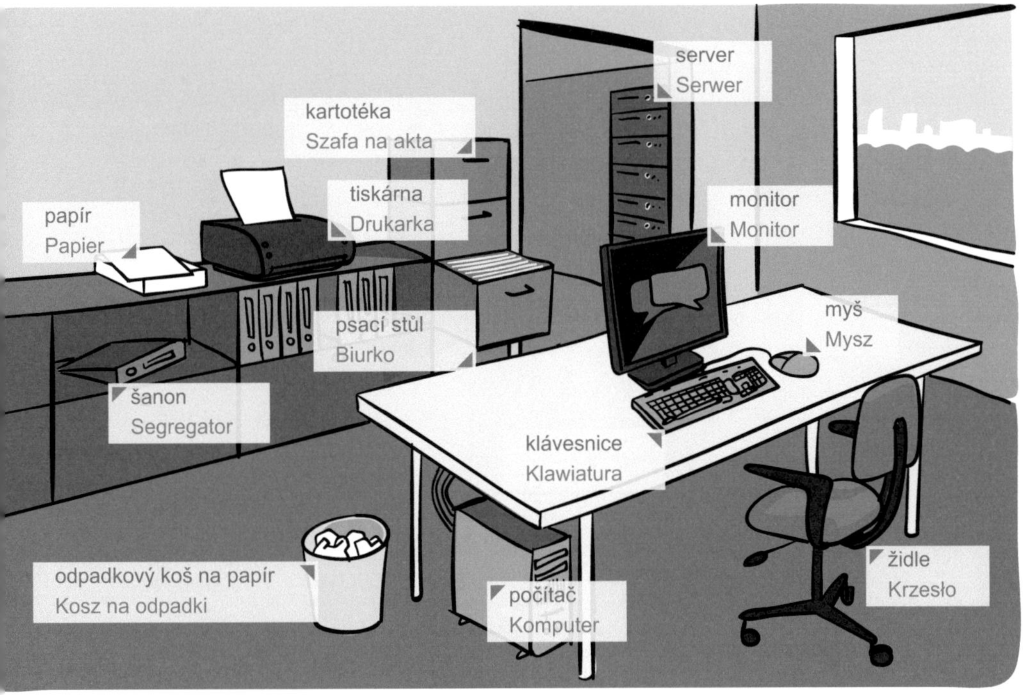

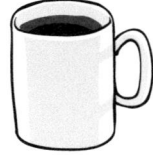

hrnek na kávu

Filiżanka do kawy

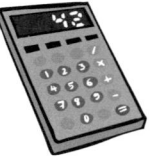

kalkulačka

Kalkulator

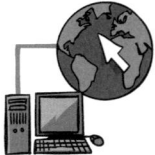

internet

Internet

notebook

Laptop

dopis

List

zpráva

Wiadomość

mobil

Komórka

síť

Sieć

kopírka

Kopiarka

software

Oprogramowanie

telefon

Telefon

zásuvka

Gniazdko

fax

Faks

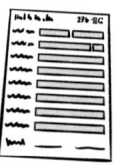

formulář

Formularz

dokument

Dokument

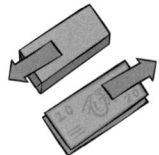

nakupovat

kupić

zaplatit

płacić

jednat

postępować

peníze

Pieniądze

dolar

Dolar

euro

Euro

jen

Jen

rubl

Rubel

frank

Frank

juan

Juan Renminbi

rupie

Rupia

bankomat

Bankomat

směnárna

Kantor wymiany walut

zlato

Złoto

stříbro

Srebro

olej

Olej

energie

Energia

cena

Cena

smlouva

Umowa

daň

Podatek

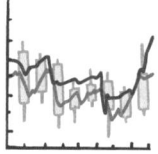

akcie

Akcja

pracovat

pracować

zaměstnanec

Pracownik umysłowy

zaměstnavatel

Pracodawca

továrna

Fabryka

obchod

Sklep

povolání
Zawody

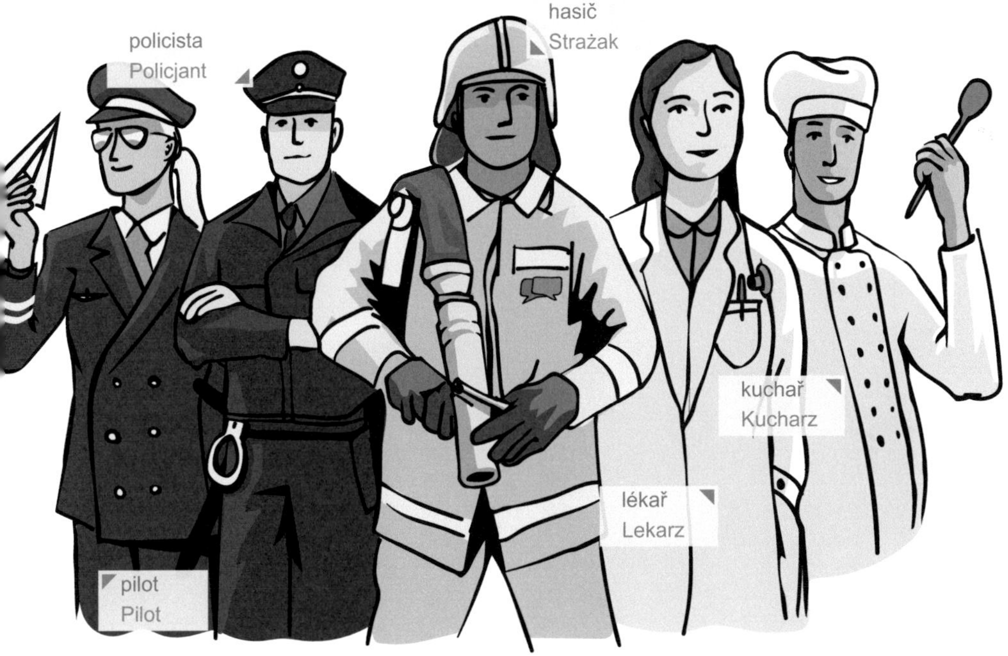

policista
Policjant
hasič
Strażak
kuchař
Kucharz
lékař
Lekarz
pilot
Pilot

zahradník

Ogrodnik

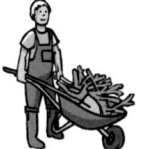

truhlář

Stolarz

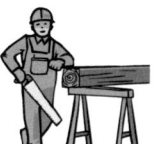

švadlena

Krawcowa

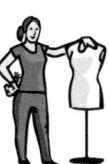

soudce

Sędzia

chemik

Chemik

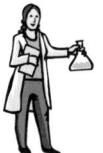

herec

Aktor

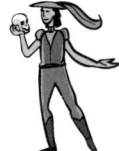

řidič autobusu

Kierowca autobusu

řidič taxi

Taksówkarz

rybář

Fischer

uklízečka

Sprzątaczka

pokrývač

Dekarz

číšník

Kelner

myslivec

Myśliwy

malíř

Malarz

pekař

Piekarz

elektrikář

Elektryk

stavební dělník

Robotnik budowlany

inženýr

Inżynier

řezník

Rzeźnik

klempíř

Instalator

listonoš

Listonosz

voják

Żołnierz

architekt

Architekt

pokladní

Kasjer

florista

Florysta

kadeřník

Fryzjer

průvodčí

Konduktor

mechanik

Mechanik

kapitán

Kapitan

zubař

Dentysta

vědec

Naukowiec

rabín

Rabin

imám

Imam

mnich

Mnich

duchovní

Proboszcz

nářadí
Narzędzia

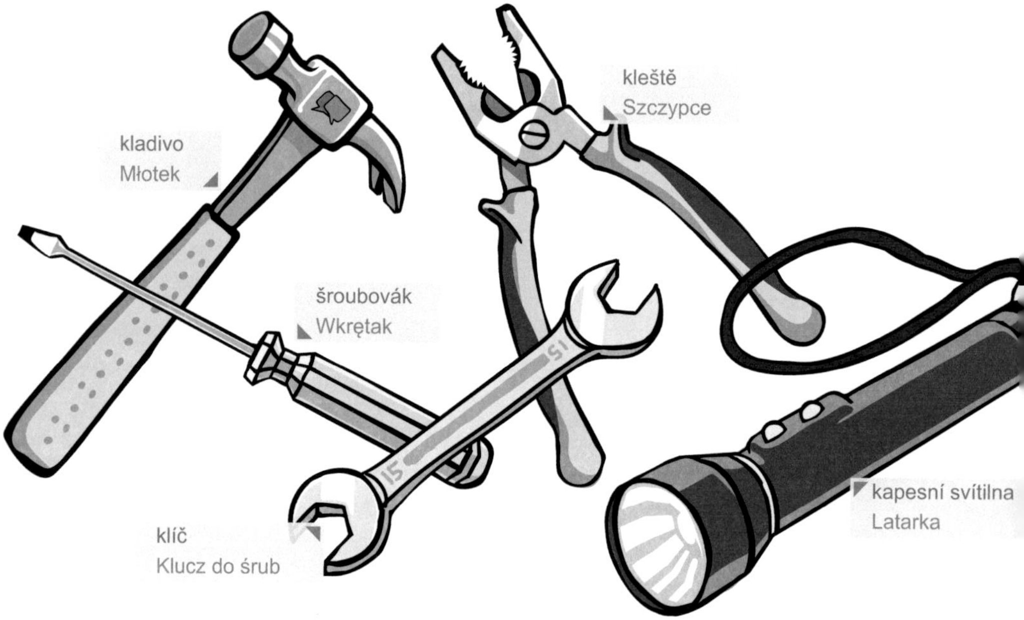
kleště
Szczypce
kladivo
Młotek
šroubovák
Wkrętak
klíč
Klucz do śrub
kapesní svítilna
Latarka

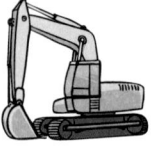

bagr

Koparka

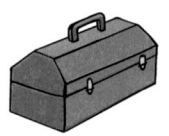

skříň na nářadí

Skrzynka narzędziowa

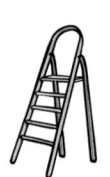

žebřík

Drabina

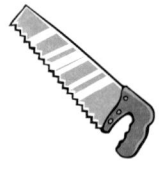

pila

Piła

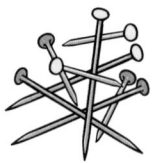

hřebíky

Gwoździe

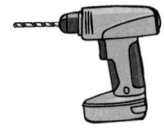

vrtačka

Wiertło

opravit

naprawić

lopata

Łopatka

Kurva!

Cholera!

lopatka

Szufelka

vědroé na barvu

Puszka z farbą

šrouby

Śruby

hudební nástroje
Instrumenty muzyczne

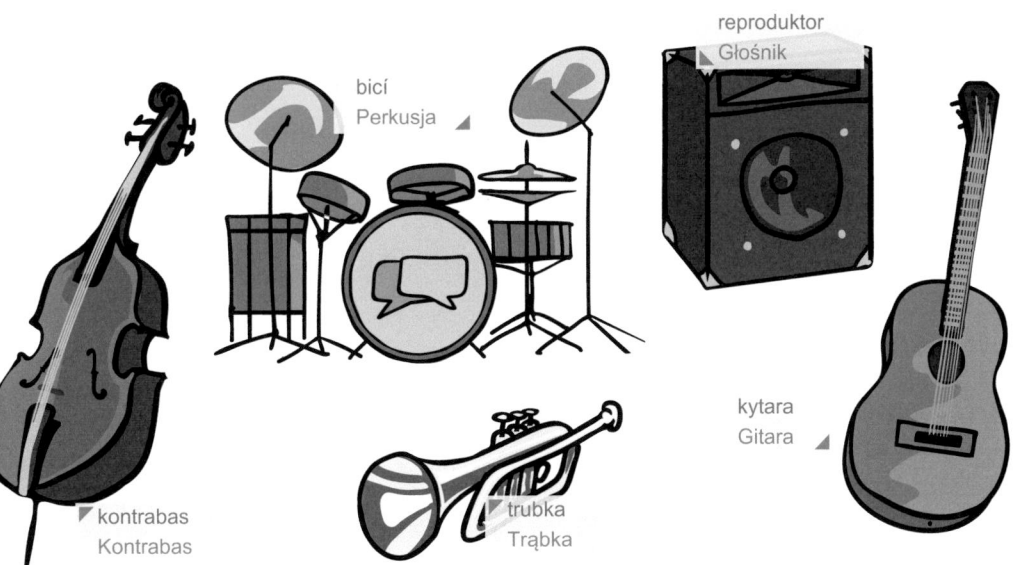

reproduktor
Głośnik

bicí
Perkusja

kytara
Gitara

kontrabas
Kontrabas

trubka
Trąbka

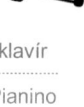

klavír

Pianino

housle

Skrzypce

basa

Bas

tympán

Kotły

bubny

Bęben

keyboard

Keyboard

saxofon

Saksofon

flétna

Flet

mikrofon

Mikrofon

ZOO
Zoo

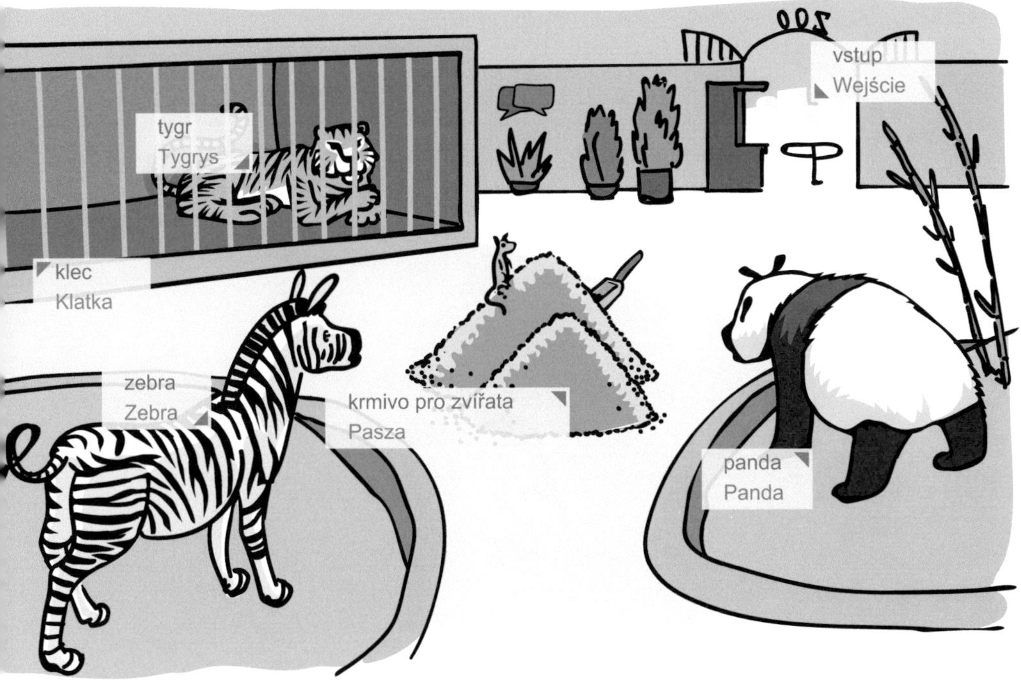
tygr
Tygrys
vstup
Wejście
klec
Klatka
zebra
Zebra
krmivo pro zvířata
Pasza
panda
Panda

zvířata

Zwierzęta

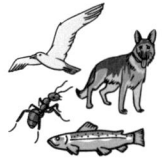

slon

Słoń

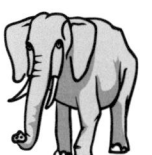

klokan

Kangur

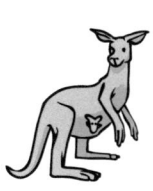

nosorožec

Nosorożec

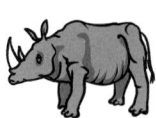

gorila

Goryl

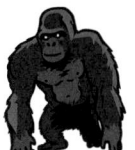

medvěd

Niedźwiedź

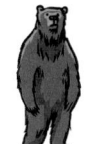

velbloud

Wielbłąd

pštros

Struś

lev

Lew

opice

Małpa

plameňák

Fleming

papoušek

Papuga

lední medvěd

Niedźwiedź polarny

tučňák

Pingwin

žralok

Rekin

páv

Paw

had

Wąż

krokodýl

Krokodyl

ošetřovatel zvířat

Dozorca w zoo

tuleň

Foka

jaguár

Jaguar

poník

Kucyk

leopard

Gepard

hroch

Hipopotam

žirafa

Žyrafa

orel

Orzeł

divoké prase

Dzik

ryby

Ryba

želva

Żółw

mrož

Mors

liška

Lis

gazela

Gazela

americký fotbal
Futbol amerykański

cyklistika
Kolarstwo

tenis
Tenis

košíková
Koszykówka

plavání
Pływanie

box
Boks

lední hokej
Hokej na lodzie

kopaná
Piłka nożna

badminton
Badminton

lehká atletika
Lekka atletyka

házená
Piłka ręczna

běh na lyžích
Narciarstwo

vodní pólo
Polo

skočit / skakać

objímat / objąć

smát se / śmiać się

jít / iść

zpívat / śpiewać

snít / marzyć

modlit se / modlić się

políbit / całować

psát / pisać	kreslit / rysować	ukazovat / pokazywać
tlačit / nacisnąć	dát / dać	vzít si / wziąć

mít

mieć

dělat

robić

být

być

stát

stać

běhat

biegać

táhnout

ciągnąć

hodit

rzucać

padat

spaść

ležet

leżeć

čekat

czekać

nosit

nosić

sedět

siedzieć

oblékat

zakładać

spát

spać

vzbudit se

budzić się

prohlédnout si

spojrzeć

plakat

płakać

pohladit

głaskać

česat

czesać się

hovořit

mówić

rozumět

rozumieć

ptát se

pytać

slyšet

słyszeć

pít

pić

jíst

jeść

uklidit

sprzątać

milovat

kochać

vařit

gotować

jet

jechać

letět

latać

plachtit

żeglować

počítat

liczyć

číst

czytać

učit se

uczyć się

pracovat

pracować

vzít si

wejść w związek małżeński

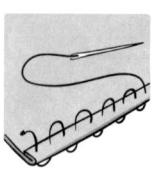

šít

szyć

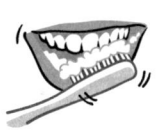

čistit si zuby

myć zęby

zabít

zabić

kouřit

palić tytoń

poslat

wysłać

rodina
Rodzina

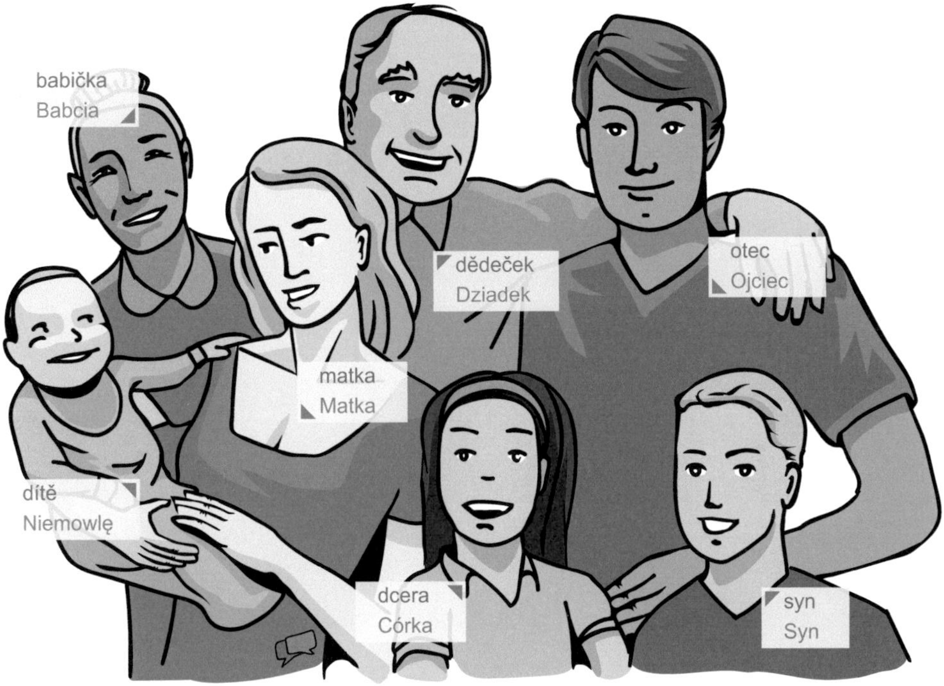

babička
Babcia
dědeček
Dziadek
otec
Ojciec
matka
Matka
dítě
Niemowlę
dcera
Córka
syn
Syn

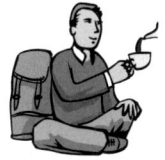

host

Gość

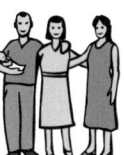

teta

Ciotka

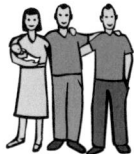

strýc

Wujek

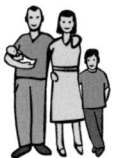

bratr

Brat

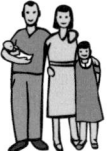

sestra

Siostra

tělo
Ciało

čelo
Czoło
oko
Oko
rameno
Ramię
prst
Palec
obličej
Twarz
brada
Broda
ruka
Ręka
dolní končetina
Noga
hruď
Pierś
paže
Ramię

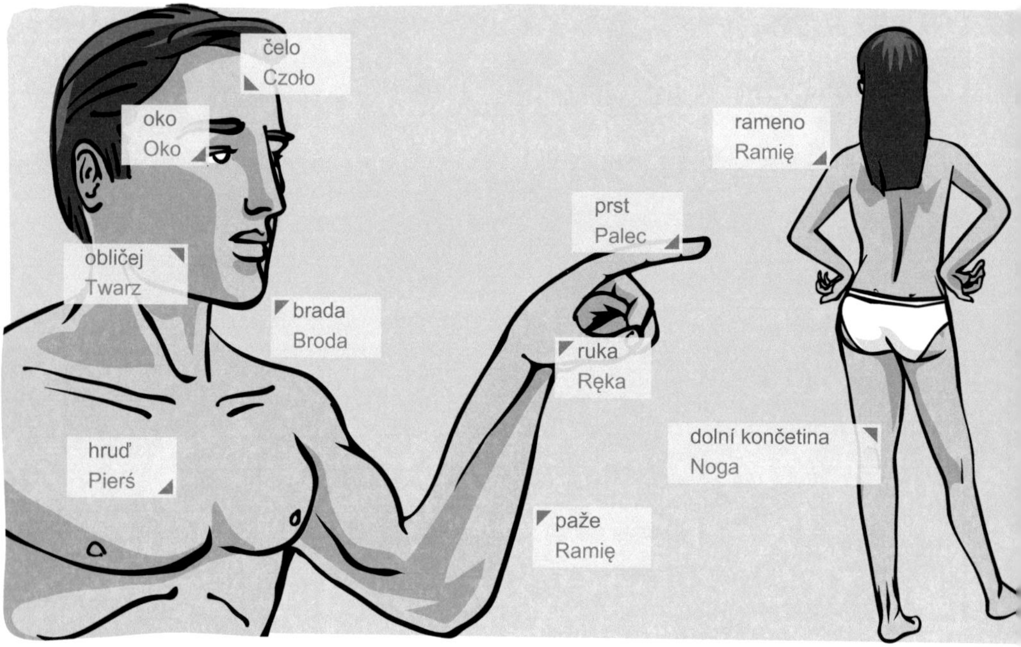

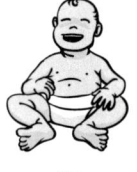

dítě

Niemowlę

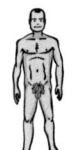

muž

Mężczyzna

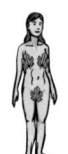

žena

Kobieta

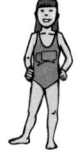

dívka

Dziewczyna

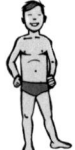

chlapec

Chłopiec

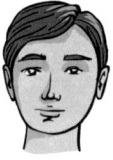

hlava

Głowa

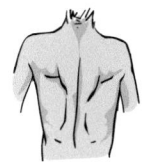

záda

Plecy

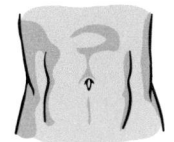

břicho

Brzuch

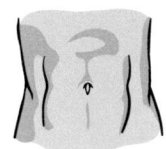

pupík

Pępek

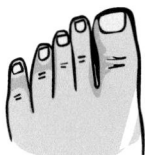

prst na noze

palec nogi

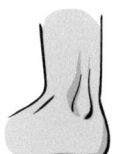

pata

Pięta

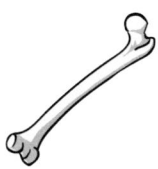

kost

Kość

bok

Biodro

koleno

Kolano

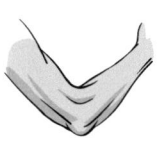

loket

Łokieć

nos

Nos

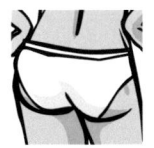

zadek

Pośladki

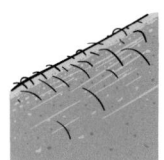

kůže

Skóra

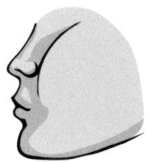

tvář

Policzek

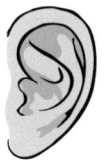

ucho

Uszy

ret

Warga

ústa

Usta

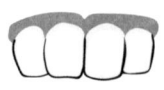

zub

Ząb

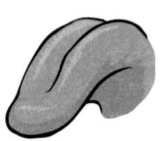

jazyk

Język

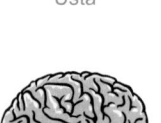

mozek

Mózg

srdce

Serce

sval

Mięsień

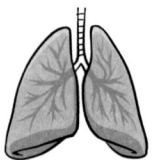

plíce

Płuca

játra

Wątroba

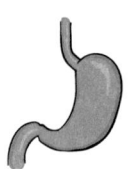

žaludek

Żołądek

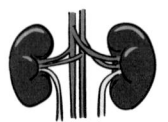

ledviny

Nerki

pohlavní styk

Stosunek płciowy

kondom

Kondom

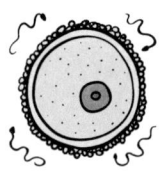

vajíčko

Komórka jajowa

sperma

Sperma

těhotenství

Ciąża

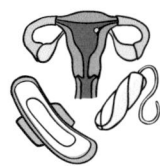

menstruace

Menstruacja

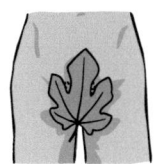

vagina

Wagina

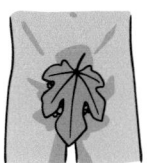

penis

Penis

obočí

Brew

vlasy

Włosy

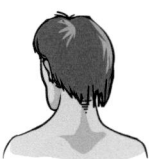

krk

Szyja

nemocnice
Szpital

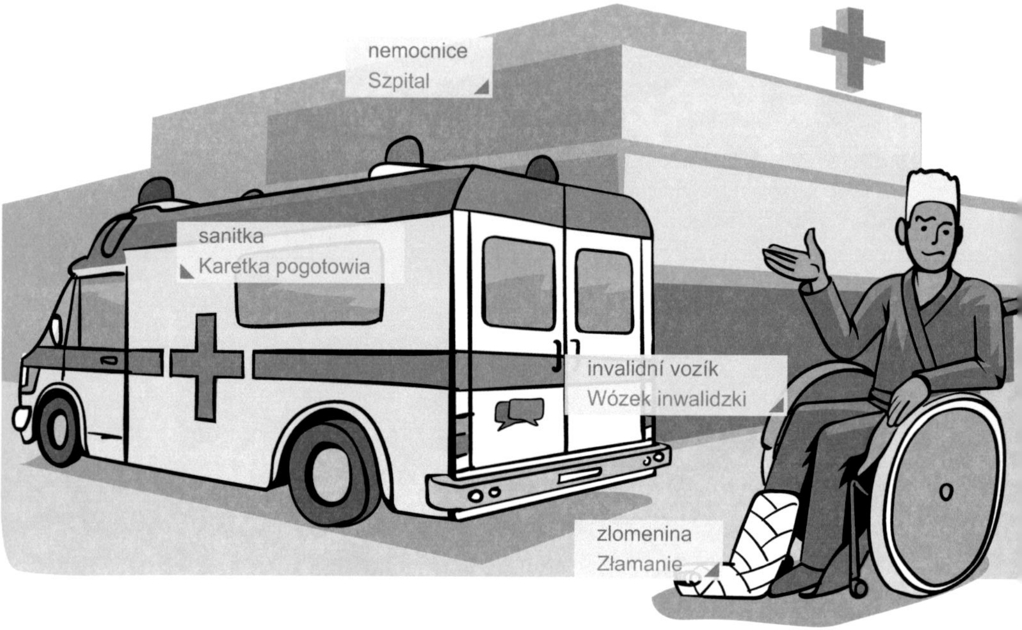

nemocnice
Szpital
sanitka
Karetka pogotowia
invalidní vozík
Wózek inwalidzki
zlomenina
Złamanie

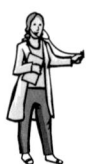

lékař
Lekarz

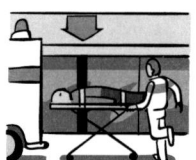

pohotovost
Izba przyjęć

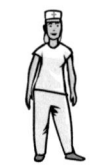

zdravotní sestra
Pielęgniarka

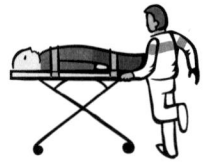

urgentní případ
Nagły przypadek

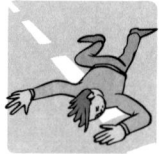

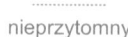

v bezvědomí
nieprzytomny

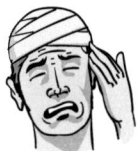

bolest
Ból

úraz

Skaleczenie

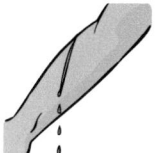

krvácení

Krwawienie

infarkt myokardu

Zawał serca

cévní mozková příhoda

Udar mózgu

alergie

Alergia

kašel

Kaszleć

horečka

Gorączka

chřipka

Grypa

průjem

Biegunka

bolest hlavy

Ból głowy

rakovina

Rak

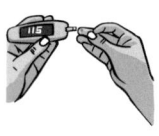

cukrovka

Cukrzyca

chirurg

Chirurg

skalpel

Skalpel

operace

Operacja

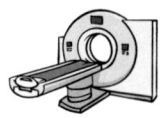

CT
CT

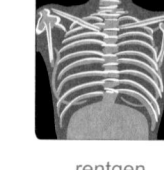

rentgen
Rentgen

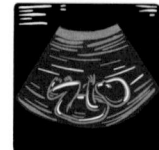

ultrazvuk
Ultradźwięki

maska
Maska

nemoc
Choroba

čekárna
Poczekalnia

berle
Kula

náplast
Plaster

obvaz
Opatrunek

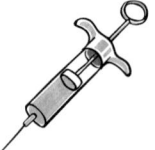

injekce
Iniekcja

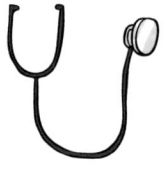

stetoskop
Stetoskop

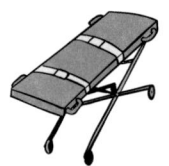

nosítka
Nosze

teploměr
Termometr

porod
Poród

nadváha
Nadwaga

naslouchátko

Aparat słuchowy

dezinfekční prostředek

Środek dezynfekcyjny

infekce

Infekcja

virus

Wirus

HIV / AIDS

HIV / AIDS

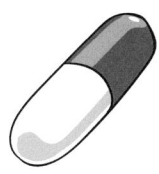

lékařství

Medycyna

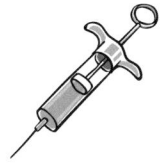

očkování

Szczepienie

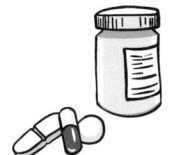

tablety

Tabletki

pilulka

Pigułka

tísňové volání

Telefon ratunkowy

tonometr

Ciśnieniomierz krwi

nemocný / zdravý

chory / zdrowy

Pomoc!

Pomocy!

poplach

Alarm

přepadení

Napad

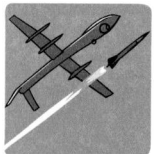

napadení

Atak

nebezpečí

Niebezpieczeństwo

nouzový východ

Wyjście awaryjne

Hoří!

Pożar!

hasicí přístroj

Gaśnica

nehoda

Wypadek

zdravotnická brašna

Walizeczka pierwszej pomocy

SOS

SOS

policie

Policja

Evropa

Europa

Severní Amerika

Ameryka Północna

Jižní Amerika

Ameryka Południowa

Afrika

Afryka

Asie

Azja

Austrálie

Australia

Atlantik

Atlantyk

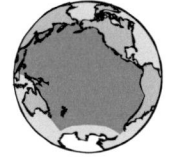

Pacifik

Pacyfik

Indický oceán

Ocean Indyjski

Jižní ledový oceán

Ocean Antarktyczny

Severní ledový oceán

Ocean Arktyczny

severní pól

Biegun północny

jižní pól
Biegun południowy

Antarktida
Antarktyda

země
Ziemia

pevnina
Kraj

moře
Morze

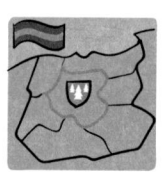

ostrov
Wyspa

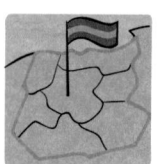

národ
Naród

stát
Państwo

ciferník

Cyferblat

hodinová ručička

Wskazówka godzinowa

minutová ručička

Wskazówka minutowa

vteřinová ručička

Wskazówka sekundowa

Kolik je hodin?

Która godzina?

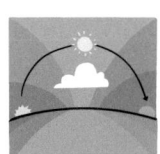

den

Dzień

čas

Czas

teď

teraz

digitální hodinky

Zegarek digitalny

minuta

Minuta

hodina

Godzina

týden
Tydzień

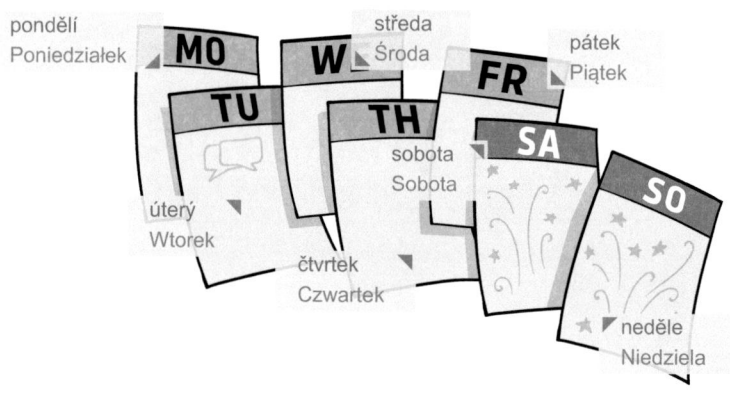

pondělí
Poniedziałek

úterý
Wtorek

středa
Środa

čtvrtek
Czwartek

pátek
Piątek

sobota
Sobota

neděle
Niedziela

včera
wczoraj

dnes
dzisiaj

zítra
jutro

ráno
Rano

poledne
Południe

večer
Wieczór

MO	TU	WE	TH	FR	SA	SU
1	2	3	4	5	6	7
8	9	10	11	12	13	14
15	16	17	18	19	20	21
22	23	24	25	26	27	28
29	30	31	1	2	3	4

pracovní dny
Dni robocze

MO	TU	WE	TH	FR	SA	SU
1	2	3	4	5	6	7
8	9	10	11	12	13	14
15	16	17	18	19	20	21
22	23	24	25	26	27	28
29	30	31	1	2	3	4

víkend
Weekend

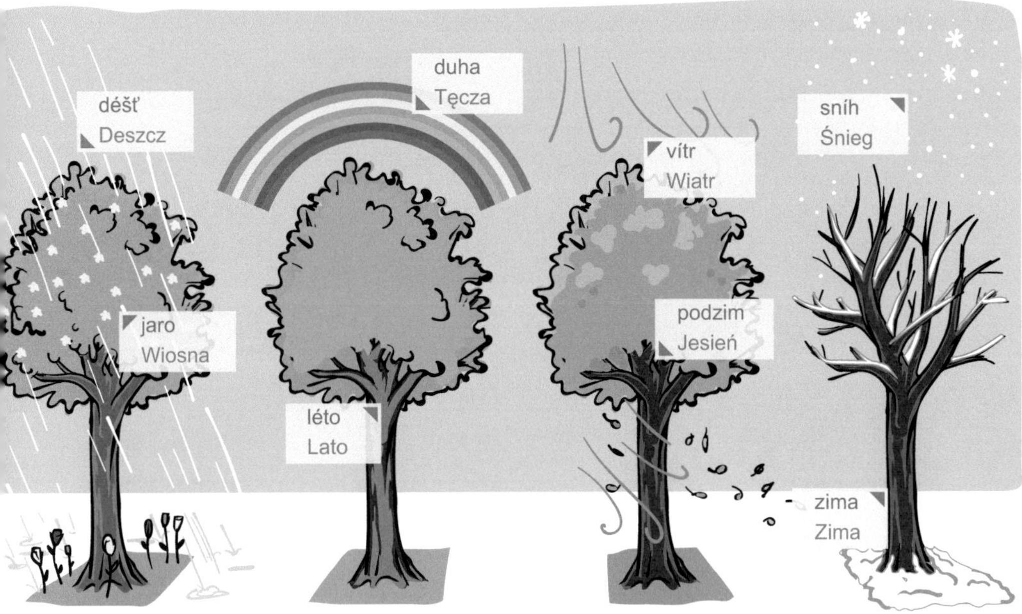

déšť
Deszcz

duha
Tęcza

vítr
Wiatr

sníh
Śnieg

jaro
Wiosna

léto
Lato

podzim
Jesień

zima
Zima

předpověď počasí

Prognoza pogody

teploměr

Termometr

sluneční svit

Światło słoneczne

mrak

Chmura

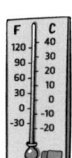

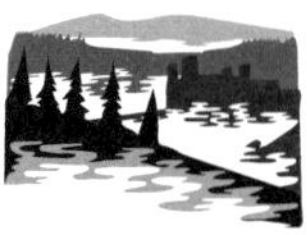

mlha

Mgła

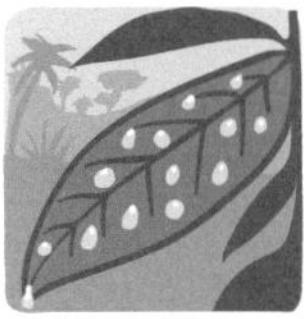

vlhkost

Wilgotność powietrza

blesk

Błyskawica

hrom

Grzmot

bouřka

Sztorm

kroupy

Grad

monzun

Monsun

povodeň

Potop

led

Lód

leden

Styczeń

únor

Luty

březen

Marzec

duben

Kwiecień

květen

Maj

červen

Czerwiec

červenec

Lipiec

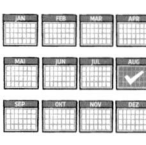

srpen

Sierpień

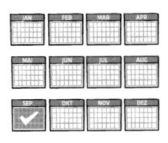

září
....
Wrzesień

říjen
....
Październik

listopad
....
Listopad

prosinec
....
Grudzień

kruh
....
Koło

čtverec
....
Kwadrat

obdélník
....
Prostokąt

trojúhelník
....
Trójkąt

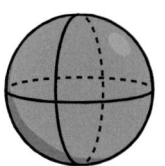

koule
....
Kula

krychle
....
Sześcian

bílá

biały

žlutá

żółty

oranžová

pomarańczowy

růžová

różowy

červená

czerwony

fialová

liliowy

modrá

niebieski

zelená

zielony

hnědá

brązowy

šedá

szary

černá

czarny

hodně / málo

dużo / mało

rozzuřený / mírumilovný

wściekły / spokojny

krásný / ošklivý

piękny / brzydki

začátek / konec

początek / koniec

velký / malý

duży / mały

světlý / tmavý

jasny / ciemny

bratr / sestra

brat / siostra

čistý / špinavý

czysty / brudny

úplný / neúplný

kompletny / niekompletny

den / noc

dzień / noc

mrtvý / živý

umarły / żywy

široký / úzký

szeroki / wąski

jedlý / nejedlý

jadalny / niejadalny

zlý / hodný

zły / uprzejmy

vzrušený / znuděný

podniecony / znudzony

tlustý / hubený

gruby / chudy

nejdříve / naposledy

najpierw / na końcu

přítel / nepřítel

przyjaciel / wróg

plný / prázdný

pełen / pusty

tvrdý / měkký

twardy / miękki

těžký / lehký

ciężki / lekki

hlad / žízeň

głód / pragnienie

nemocný / zdravý

chory / zdrowy

ilegální / legální

nielegalny / legalny

inteligentní / hloupý

inteligentny / głupi

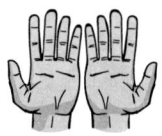

vlevo / vpravo

lewo / prawo

blízko / daleko

bliski / daleki

nový / použitý

nowy / używany

nic / něco

nic / coś

starý / mladý

stary / młody

zapnutý / vypnutý

włącz / wyłącz

otevřeno / zavřeno

otwarty / zamknięty

tichý / hlasitý

cichy / głośny

bohatý / chudý

bogaty / biedny

správný / špatný

prawidłowy / błędny

drsný / hladký

chropowaty / gładki

smutný / šťastný

smutny / szczęśliwy

krátký / dlouhý

krótki / długi

pomalý / rychlý

powolny / szybki

vlhký / suchý

mokry/suchy

teplý / chladný

ciepły / chłodny

válka / mír

wojna / pokój

čísla
Liczby

0	**1**	**2**
nula	jedna	dva
zero	jeden	dwa

3	**4**	**5**
tři	čtyři	pět
trzy	cztery	pięć

6	**7**	**8**
šest	sedm	osm
sześć	siedem	osiem

9	**10**	**11**
devět	deset	jedenáct
dziewięć	dziesięć	jedenaście

12

dvanáct

dwanaście

13

třináct

trzynaście

14

čtrnáct

czternaście

15

patnáct

piętnaście

16

šestnáct

szesnaście

17

sedmnáct

siedemnaście

18

osmnáct

osiemnaście

19

devatenáct

dziewiętnaście

20

dvacet

dwadzieścia

100

sto

sto

1.000

tisíc

tysiąc

1.000.000

milion

milion

angličtina

Angielski

americká angličtina

Angielski amerykański

standardní čínština

Chiński mandaryński

hindština

Hindi

španělština

Hiszpański

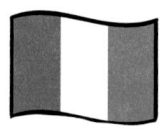

francouzština

Francuski

arabština

Arabski

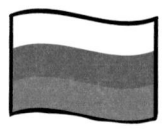

ruština

Rosyjski

portugalština

Portugalski

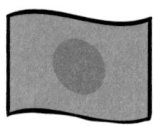

bengálština

Bengalski

němčina

Niemiecki

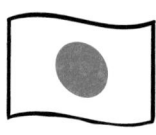

japonština

Japoński

já
ja

ty
ty

on / ona / ono
on / ona / ono

my
my

vy
wy

oni
oni

Kdo?
kto?

Co?
co?

Jak?
jak?

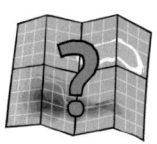

Kde?
gdzie?

Kdy?
kiedy?

jméno
Nazwisko

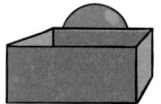

za

za

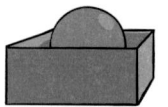

do

w

z

przed

nad

powyżej

na

na

mezi

pod

vedle

obok

mezi

między

místo

Miejsce